COLLECTION MERIAN

KORSIKA

GUIDO MANGOLD

MIT EINEM TEXT VON ALPHONS SCHAUSEIL

COLLECTION MERIAN

Wer zum Teufel möchte auf dieser Insel wohnen? Ich kenne nur Böcke und Ziegen, die sich dort niederlassen würden.

Voltaire

Alles in dieser Landschaft ist von ernster und trauriger Schönheit.

Prosper Mérimée

Korsika ist Korsika, wenn es auch gleichzeitig Frankreich ist; es ist mehr und weniger als ein Departement. Darin liegt gerade die Eigentümlichkeit Korsikas, daß man es als Land und als Nation mit keiner anderen Nation vergleichen kann.

Albert Quantin

Die Altstadt mit der barocken Doppelturmkirche Saint-Jean-Baptiste trennt den heute den Fischern vorbehaltenen Vieux Port in Bastia vom neuen Hafen, in dem sich sommers Fähren aus Frankreich und Italien drängeln. Schon werden dort mehr Passagiere gezählt als in Marseille.

BAROCK UND DAS BALLETT DER FÄHREN

AN IHRER SCHÖNHEIT TRÄGT DIE INSEL SCHWER

Widersprüche. Korsika, das Kyrnos der antiken Griechen, damals schon als Kallisto, als Schönste gerühmt, hat Widersprüche in allen Zeiten wachgerufen, sie durch sein bloßes Da-Sein provoziert. Denn es ist nicht nur ein Stück Land weit draußen im Mittelmeer, an seltenen Tagen von Nizza noch zu sehen, einst losgerissen vom Kontinent und deshalb eigentlich seine Fortsetzung: Jäh hebt es sich als Gebirge aus den Fluten, schroffe Grate teilen es in viele Inseln, Felsen isolieren kleine Welten, und nur das fremde Element bindet sie zusammen. Ein Element, das stets Bedrohung war, das schreckliche Eroberer und Unterdrücker herübertrug und das ein Korse, bevor er irgendwo sonst Fuß fassen kann, überqueren muß. Dann nochmals bei seiner Wiederkehr als gemachter Mann, als Pensionär – oder doch wenigstens im Sarg. Geh zur Hölle, das heißt hier *chi tu vaga in mare* – möge das Meer dich davontragen.

Das Losgerücktsein, die zerklüftete Landschaft und die Begierde fremder Mächte haben Geschichte, Traditionen und Menschen geprägt, das Beharren auf Eigenart und Identität und die stille Hoffnung, sie eines Tages anerkannt, respektiert zu sehen. »Die Insel wird eines Tages die Welt staunen machen«, prophezeite Jean-Jacques Rousseau. Sein Zeitgenosse, der Korse Pasquale Paoli, entwarf vor gut zwei Jahrhunderten ein fast schon demokratisches Gemeinwesen, seine Ideen inspirierten die Führer der französischen Revolution und die Väter der amerikanischen Unabhängigkeit. Doch Korsika blieb der Spielball fremder Mächte, eine Nation ohne Staat.

Die Insel. »Überall Meer. Doch dort voraus etwas Graues, noch Undeutliches in der Morgendämmerung. Dann zeichnen sich Umrisse mehr und mehr vor dem heller werdenden Himmel ab, eine große Linie von gezackten und bizarren Bergen taucht auf: Korsika, eingehüllt in einen leichten Schleier. Und die Sonne steigt dahinter hoch, zeichnet alle Vorsprünge der Gebirgskämme in schwarzen Schatten, dann flammen alle Gipfel

Ein Maultierpfad führte einst durch die bizarren Felsen der Calanche von Ota nach Piana. Heute bietet er Touristen einen Logenplatz im Naturschauspiel des vom Wetter modellierten Granits. Der Schatten färbt ihn blau, die Abendsonne rot.

DSCHUNGEL AUS PFLANZEN UND GRANIT

auf, während der Rest der Insel von Dämpfen vernebelt bleibt.« So wie Guy de Maupassant, so entdeckt auch heute der Schiffsreisende dieses geheimnisvolle Stück Frankreich, das die Franzosen »die nächstgelegene der fernen Inseln« nennen und für das sie auf Landkarten meist nur Platz in der Höhlung des Golfe de Gascogne finden, als hätten sie es dort besser unter Kontrolle.

Himmel und Felsen. Ein ständig bewegtes Kaleidoskop. Ein Miniaturkontinent, groß genug, von keiner Vorhersage erfaßtes Wetter zu zeugen. Ganz unvermutet deckt sich die eben noch vor Hitze knisternde Insel zu. Wolken sinken, verwischen das Unten und Oben, ersticken jeden Laut. Regen fällt. Wildwasser wachen auf und füllen die Täler mit Lärm. Nach Stunden oder Tagen, ebenso unerwartet, teilt sich der graue Mantel, wird zur hellen Banderole zwischen zwei übereinander gestaffelten Dörfern. Triefende Felsen spiegeln einen ersten Sonnenstrahl, nochmals dräuendes Dunkel schluckt ihn wieder, aber etwas höher sticht gleich eine schneeige Zinne hervor, und schließlich fegt der Maestrale, der Meister aller Winde, die nassen Fetzen ins Nichts.

Aber auch das: Wochenlang nur Sonne, wie ein glühendes Schwert. Sie verdampft jede Wolke, die sich vom Hochmassiv löst. Nachts dann rückt der Himmel so nahe, daß man versucht ist, nach den Sternen zu greifen. Die klare Tiefe des Alls macht schwindeln. Hinter den Bergen gedämmte Luft rinnt kurz vor dem ersten Tageslicht über die Wasser, faucht in den Bäumen, rüttelt die Dächer, dann wieder Stille. Eine Landschaft, stark genug, eine Million Touristen und wohl auch mehr zu ertragen. Aber sie ist verletzbar und auch schon verletzt.

Der Boden. Generationen haben ihn an den Hängen gestaut wie andere Völker das kostbare Naß. Doch davon gab es lange im Überfluß, erst jetzt wird es knapp. Nicht den Regen, die Erde galt es festzuhalten mit durchlässigen, unverfugten Mauern. Auf Terrassen bis in tausend Meter Höhe wurden Getreide und dicke Bohnen gepflanzt, Öl- und Maronenbäume. Diese Kulturen – dazu Schafe und Ziegen – gaben alles, was man brauchte. Die Herren prahlten damit, sie könnten sommertrockene Bäche füllen bis hin zum Meer, wenn sie die Olivenölbecken unter ihren Mühlen und Häusern öffneten. Aber die da schufteten, hatten kaum Anteil am Gewinn. Männer, die früh um vier in die Bergterrassen stiegen, wurden mit einer abgelegten Joppe gelöhnt oder mit einem *service*, einer Gunst, die sie beim nächsten Winkelzug der Kirchturmpolitik entgelten mußten mit einem Kreuz auf dem Stimmzettel oder mit der Flinte.

Würde. Die Abhängigkeit vom örtlichen Patron war nur die Fortsetzung der Unterdrückung durch fremde Herren. Gerechtigkeit war jahrhundertelang nur zu kaufen. Wer arm war, dem blieb zur Verteidigung seiner Würde nur Selbstjustiz. So wuchs Vendetta zur Geißel, geblieben ist mimosenhaftes Selbstwertgefühl. Seine Ehre und ihre Rückgewinnung gehen dem Korsen über alles. Noch heute liegt der Griff zum Gewehr näher als der Anruf bei den Gendarmen. Zumal die nur selten Korsen sind, sondern Franzosen vom Kontinent.

Frankreich. Der Erste Weltkrieg, obwohl weit entfernt ausgetragen, zerbrach insulare Strukturen. Dreißigtausend Männer kehrten nicht zurück: *mort pour la France*. Die archaischen Kulturen, nur mit der Hacke, mit krummen Rücken zu unterhalten, verwilderten, wucherten zu. Dienst für den Staat, selbst solcher, den andere verschmähten, in den Tropen, in einem gottvergessenen *bled* (= Kaff), mit geringem Verdienst, aber mit der Anwartschaft auf Rente, erschien da leichter als ein neuer Anfang. Korsische Zöllner und Verwalter repräsentierten Frankreich. Kolonisierte wurden zu Kolonisatoren. Aber hatte nicht einer der Ihren, geboren im Jahr der Niederwerfung durch Frankreich, überhaupt erst die Grande Nation geschaffen? Der kleine Napoleon aus Ajaccio als Herrscher über die neuen Herren – war das nicht die subtilste Form von Vendetta?

Die Diaspora. Napoleon hatte seinen Landsleuten gezeigt, wie weit es ein Korse bringen kann. Die Kriege und das Kolonialimperium hatten ihnen eine Welt jenseits ihres Meeres geöffnet, die andere Meere queren lassen. Frankreich, das war auch Afrika, Südamerika, Indochina. Reichtum schien dort zu warten, wo mediterrane Nach-

Um den kleinen großen Korsen kommt man nicht herum in seiner Heimatstadt Ajaccio. Er wird überall vermarktet auf Konterfeis und mit Titeln wie hier vor einem Café am Place Diamant mit seinem Denkmal, der eigentlich de Gaulles Namen trägt.

AJACCIO – NAPOLEON IST ÜBERALL

barn und Sprachverhältnisse sich niedergelassen hatten – so in Venezuela und auf Puerto Rico. Der Hafenplatz Marseille wurde zur größten korsischen Stadt. Für junge Leute war die Diaspora mit ihren intakten Banden der Sippe eine Verheißung. Aber der Exodus ließ die Insel vergreisen, die Dörfer sterben. Der Tourismus entdeckte die Idylle einer angehaltenen Zeit, eines ungenutzten Ambiente. Der schnelle Franc, den die Fremden längs der Strände rollen ließen, bedeutete für das Innere nochmals einen Aderlaß. Bergnester, in Sichtweite des Meeres, in denen wenige Jahre zuvor fünfzig Kinder eine Schule füllten, verschwanden unter Efeu und Brombeerranken, zerbröckelten im Dornröschenschlaf.

Die Dörfer. Sie gleichen steinernen Gärten. So wie sie gewachsen scheinen aus Fels und Grün, können sie auch wieder aufgehen in der übermächtigen Natur, schon ein Spiel von Licht und Schatten löscht sie für Momente aus. Im Winter atmen sie kaum, nur wenige Fensterläden sind offen, manchmal nur einer in einem großen, leeren Haus. Dort wartet jemand auf die in alle Winde verschlagene Familie. Sie kommt mit Sicherheit und vielköpfig verzweigt im Juli und August. Auf einmal lebt das Dorf. Die zur *parisienne* gewordene junge Frau führt kecke Mode vor, auch ihre vor soviel ungestümer Verwandtschaft verlegenen Kinder. Da wird umarmt und geherzt, alle entdecken die einfachen Gesten wieder, die wärmende Gemeinschaft ersetzt den städtischen Komfort. Drei, vier Generationen unter einem Dach, in einer fröhlichen Hierarchie des Respekts. Und nun, da auf dem Festland die Arbeitsplätze auch dünn gesät sind, beschließt manches junge Paar heimzukehren und hier sein Glück zu machen. Man kann von so wenig leben in einem Dorf, in dem jeder jeden kennt.

Die Männer. Einige kehren als Ärzte zurück. Andere als Automechaniker. Oder sie schaffen sich Bienenstöcke an oder einen Trupp Fleischkühe. Das große Geld wartet hier nicht auf sie, wohl aber ein sanftes Leben. Nichts und niemand hier eilt. Der Schritt des Hirten ist das Metronom der Zeit. Es gibt Pausen für Pastis und Plausch und *pulitichella*, diese passionierte Klein-Klein-Politik. Alles fiebert der Jagd entgegen, das Miteinander im ersten und letzten Licht des Tages ist wichtiger als die oft recht magere Strecke. Auch das Kommen und Gehen der Touristen setzt Zäsuren.

Die Frauen. Von Emanzipation und Selbstverwirklichung reden sie kaum. Im Schatten des Macho-Mannes entfalten die Korsinnen stille Macht. In der traditionell starken Rolle der *mà* wie als Mittlerinnen neuen Wissens. Denn genügt dem Mann häufig noch die große Geste, der lässig gezückte Geldschein, die Kungelei mit dem Kumpan, so ist es die Korsin, die Diplome heimträgt und mit erworbener Qualifikation selbst verkrustete Schablonen von Clans und Parteien bricht. Bürgermeisterinnen sind nicht mehr selten, und sie sitzen meist fester im Sattel als die Männer mit ihrem ständigen Politpoker. Selbst den Hirten, geradezu mythologischen Figuren, machen junge Frauen Konkurrenz. Oder lehren sie als Sachkundige neuen Respekt vor der Natur.

Die Umwelt. Wo alles wuchert, solange nur ein bißchen Regen fällt, hat paradoxerweise grünes Denken keine Wurzeln. Die Natur zu schützen scheint überflüssig, wo der Mensch sich einem Übermaß von Natur ausgesetzt sieht. Stirbt ein Alter im Dorf, so läßt sich das auch in seinem Streifen Garten ablesen, der im Jahr darauf schon wieder Dickicht ist. Schier undurchdringlich wird in der traditionellen *indivision*, also ungeteilt, hinterlassenes Land. Wer soll es bearbeiten, wer fühlt sich verantwortlich? Die das Land brauchen, die Hirten, haben meist keins. Wo es aufgegeben ist, flämmen sie – oder andere? –, um frisches Grün hervorzubringen. Sie setzen so, ungewollt, aber auch unbekümmert, ganze Täler in Brand.

Die Natur scheint alle Wunden zu heilen. Aber wo uralte Eichen und Ölbäume verloderten, ist die dornige, duftende Macchia nur trügerischer Schorf. Wo die Wälder von den Hängen schwinden, läuft der Regen haltlos ab ins Meer. Quellen versiegen.

Wohlstand. Das war früher: ein paar Ziegen für die Milch, ein Esel für den Transport von Heu und Holz. Das war dann, vor noch gar nicht langer Zeit, eine außen ans Haus gemauerte Toilette, dann die Fernsehantenne auf dem Dach. Nun ist es das Auto. Menschen, die einst in stun-

Das Wasser hat es eilig von oft 2000 Meter hoch gelegenen Quellen zum nahen Meer. Es hastet durch schmale Schluchten vor allem zur tyrrhenischen Küste wie der Vecchio. Für Kajakfahrer aus aller Welt ein spritziges Vergnügen.

WILDE WASSER – SCHÄUMENDES GLÜCK

denlangen Märschen Bergrücken überwanden, gehen zu Fuß nur noch, wenn sie im Hin und Her, im Auf und Ab die Dinge des Tages diskutieren. Die alten Pfade haben sie schon vergessen, sie werden nun von Fremden neu getreten, die jenes ewige Korsika entdecken, das ein Großteil der Insulaner nur noch aus Büchern und den Erzählungen der ganz Alten kennt. Nostalgie aus zweiter Hand.

Die anderen. Es gibt nicht mehr Fremdenhaß auf Korsika als in München oder Bordeaux, eher weniger. Wohl aber Furcht vor Überfremdung. Das Französische verdrängt und überlagert das Korsische, will nicht nur als Sprache dominieren. Dagegen wehren sich die mehr Selbstbestimmung fordernden *patriotti*. Nur noch etwas mehr als die Hälfte der Insulaner sind Einheimische. Wer als Fremder in den Dörfern angenommen werden will, muß Respekt und Toleranz vor dem Anderssein zeigen.

Vom Durchreisenden, vom Urlauber wird allenfalls ein kleines Lob über Land und Leute erwartet, ein freundlicher Gruß. Dann bleibt der *xenos* nicht fremd, wird schnell zum gerngesehenen Gast, wird einbezogen, muß viele Hände schütteln. Scheidet vielleicht als Freund, von dem man noch lange spricht, den man nach vielen Jahren wiedererkennt und in die Arme schließt. Das ist keine Frage von Geld, doch ein paar Francs müssen locker sitzen, wie hier für jedermann. Eine Runde Pastis kann Münder und Herzen öffnen, die vom Patron ausgeschenkte *acqua vita*, heimgebrannt und auf Rechnung des Hauses, gleicht die kleine Ausgabe leicht wieder aus. Der Korse ist kein Kaufmann, er kalkuliert nicht kühl, er reagiert spontan. Er kann verschlossen sein und vertrauensselig, spöttisch mitfühlend, prahlerisch und bescheiden, sanft und schroff. Er ist widersprüchlich wie seine Insel.

Die Landschaft. Nicht nur Wetter, Wind und Wolken verwandeln die Inselszenerie. Das ganze Relief lebt, Berge und Täler und Flüsse und Meer – nie sind sie gleich, nie eintönig, die Bilder überstürzen sich. Schon eine Straßenbiegung führt in ein neues Dekor, in eine neue Stimmung. Eben noch üppig – nun karg, eben noch Hügel wie Dünen – nun Felsen steil wie ein Gletscherabbruch; eine Kaskade versprüht Fruchtbarkeit, doch die Macchia ringsum ist trockener Zunder. Ein Dorf liegt eine halbe Stunde vom Strand und eine halbe Stunde vom Fuß eines alpinen Riesen. Die Küste lädt ein mit Lagunen und Buchten, sie ist voller Abwehr mit Klippen und Riffen.

Bastia ist norditalienisch, Calvi ein winziges Saint-Tropez, in Ajaccio spürt man den *mezzogiorno*, Cargèse gibt sich griechisch und heiter, Sartène – so Paul Valéry – atmet Tod und Rache. Dächer und Mauern der Städte und Weiler zeigen die Vielfalt des steinigen Untergrunds. Die Pflanzenwelt entwickelt eigene Formen, die Fauna behauptet sich mit andernorts verschwundenen Arten. So viele Dialekte wie Inseltäler, zwölf Namen für dieselbe Sache und doch eine gemeinsame Sprache.

Die Schönheit der Insel. Für Fremde war sie immer Verlockung, seit Jahrtausenden und im Guten wie im Bösen. Den Eroberern folgten die Promoter. Sun for sale. Ein Zwiespalt für die Korsen. Das Beispiel der Balearen schreckt sie, sie wollen mit dem Sand nicht ihre Seele verkaufen. Aber wovon sollen sie leben?

Den Älteren genügt der schöne Schein, sie sind mit einer Pension zufrieden oder nehmen sich in überlebten Posen und Privilegien wichtig. Sie schließen die Augen vor der Erosion ihres Weltbildes. Ihre Söhne und Enkel wollen nun das offenbar Unmögliche: ihre Insel aus dem Schlaf reißen, ohne ihre Eigenart zu zerstören. Sie glauben an die Zukunftskräfte bewährter Traditionen, an das Band einer eigenen, auch Brücken schlagenden lateinischen Sprache, an moderne Kommunikationstechniken, für die es kein Abseits mehr gibt. Sie wollen sich nicht länger mit Subventionen berieseln lassen, die letzten Endes nur an der Oberfläche abrinnen wie die ungenutzten Bäche. Sie haben genug von schönen Worten. *L'atti un so micca i fatti* heißt ein korsisches Sprichwort, Gesten sind keine Tatsachen. Es ist auch Selbstkritik. Die neuen Korsen wollen ihre Lebensart weder von jakobinischer *égalité* einebnen lassen noch vom Gesetz der großen Zahl. Sie sehen für ihre bewußte *corsitude* einen Platz in der Welt von morgen. Und sie halten das nicht für einen Widerspruch.

Vom »trefflichen Hafen, den ringsum himmelan strebende Felsen von beiden Seiten umschließen … niemals erhob sich eine Welle darinnen«, sprach Homer im zehnten Gesang der Ilias. Ob er Bonifacio meinte? Für Odysseus war dies kein sicherer Port: Auf den Höhen hausten die Lästrygonen.

KEIN SICHERER HAFEN FÜR ODYSSEUS

CYRNOS

Gleich neben dem geschäftigen Fährhafen von Bastia liegt der Place Saint-Nicolas. Ein von Palmen beschirmtes Rechteck fürs Boulespielen, Flanieren und Dolcefarniente. Auf die Balustrade gestützt, läßt man den Tag und die Fremden Revue passieren.

MUSSE AN DER MAUER ÜBERM MEER

Der Badeort L'Ile Rousse, Isula Rossa für die Korsen, ist eine Gründung Pasquale Paolis. Von hier aus wollte der Pater patriae das Genua-treue Calvi aus den Angeln heben Das Denkmal würdigt seine zweite Verfassung, die Korsika 1794 als englisches Vizekönigreich noch einmal von Frankreich löste.

PALMENGARDE FÜR DEN PATER PATRIAE

Ein Kleinod des pisanischen Stils ist das im Ausmaß so bescheidene Kirchlein San Michele bei Muratu. Ein Gotteshaus, das von weitem winkt und fröhlich stimmt mit seinem Farbenspiel aus weißem Kalkstein und grünem Serpentin. Wie gewachsen mit den Einfällen seiner unbekannten Schöpfer.

BAUMEISTER MIT DENKENDEN HÄNDEN

Eine Sichel von Sand, eine Festung wie ein Bug, rassige Segler und ein pittoresker Hafenkai. Calvi, der Hauptort der Balagne, ist nicht verrückt und nicht verrucht wie das Riviera-Babel – aber ums Sehen und Gesehenwerden geht's hier auch wie nirgends sonst auf Korsika.

CALVI – EIN HAUCH VON SAINT-TROPEZ

Von hohen Bergen abgeschirmt, galten die Täler der Balagne lange als Garten Korsikas. Das satte Grün ist heute trügerisch – wo einst Zehntausende von Olivenbäumen Frucht trugen, überwiegen nun Brachland und Wildwuchs. Auf den Vorgebirgen nisten die Dörfer – hier Speluncatu.

EINST DER GARTEN KORSIKAS

Hirten waren die Korsen seit je. Ihre Schafe melken sie im engen *cumpulu*. Was von der Milch nicht auf dem Festland zu Roquefort reift, wird zu deftigem Käse und lockerem *brocciu* verarbeitet, ohne den korsische Küche undenkbar ist. Auch die halbwilden Schweine weiden Würziges, so schmeckt dann auch das Geräucherte.

DEFTIGES VON SCHAF UND SCHWEIN

Auf römischen Mauern gründet seit tausend Jahren hoch über Corbara die Burg der Savelli, die sich zu Grafen über die Balagne machten. Die Grenzen ihrer Herrschaft zog das Hochmassiv des Monte Grosso.

JENSEITS DER BERGE HERRSCHTEN ANDERE

P A S C

So ganz genau weiß niemand, wie der Kopf des Mauren auf die korsische Flagge geriet. Durch das Haus Aragon? Zum Triumph über die Sarazenen? Auf jeden Fall eint das Symbol die Korsen, die sonst so gerne ihren eigenen Kopf durchsetzen.

DER KOPF DES MAUREN IST SYMBOL

Die hohen Berge im Rücken, den Blick frei aufs Meer – so legten die Korsen ihre Dörfer an. Montemaggiore bei Calvi rühmt sich eines legendären, wenngleich in Sevilla geborenen Sohnes: des Don Miguel de Leca y Colonna y Magnara y Vincentello – des Don Juan.

DÖRFER ALS WACHSAME BASTIONEN

ALIMENTATION
PRODUITS CORSES
CHARCUTERIE
FROMAGES
CONFITURES
MIEL
VINS
spécialités du pays
BOULANGERIE
PATISSERIE

Corte im Inselinneren ist die »heimliche« Hauptstadt der Korsen. Einst Sitz der Regierung Paolis und heute wieder eine Universität. Greifbar nahe ragen Berge über 2000 Meter hoch – so am Ende des Restonica-Tals.

HIER SCHLÄGT DAS HERZ DER INSEL

Noch immer trägt die steinerne Brücke bei Altiani den Verkehr von Corte über den Tavignanu zum Meer. Der Stadtstaat Genua ließ das dauerhafte Bauwerk mit seinen drei Bögen neben einer Kapelle aus dem 10. Jahrhundert fußen.

WER BAUT HEUTE SOLCHE BRÜCKEN?

Kaum berührt scheint Porto, doch landein ist der zu spät unter Schutz gestellte Ort durch banale Bauten, dicht an dicht, verschandelt. Ein Sündenfall der ersten Tourismuswelle. Es bleibt der Blick auf das, was ewig scheint: den Golf und einen längst geborstenen Turm.

SEINEM RUHM ZUM OPFER GEFALLEN

Sie sollen ein Werk des Teufels sein, diese roten Felsenflammen der Calanche bei Piana. Im Zorn geschaffen, weil er vergebens um die Liebe einer Hirtin warb. Ihre Gestalt und andere Gebilde der Phantasie ragen nun hoch über dem Golf von Porto.

AUS STEINEN BLÜHEN HIER LEGENDEN

Nur den Alten ist das Meer noch immer fremd, ist seine Küste, die *piaghja*, nicht Strand, sondern *terrain vague* zu Füßen der Dörfer. Aber die Jungen folgen längst dem Beispiel der Fremden und stürzen sich kopfüber in das fremde Element. Hier am Port d'Arone.

TAUSEND KILOMETER KÜSTE

Aus der Altstadt von Ajaccio ragt der helle Turm von Notre-Dame de la Miséricorde. Napoleon wurde dort getauft. Die Ajaccini nennen ihre Kathedrale zärtlich *madunuccia* wie die Jungfrau, die sie einst vor Pest bewahrte und in einer Mauernische noch immer wacht.

EINE STADT IN OBHUT DER JUNGFRAU

Als wollten sie sprechen – so schauen die Menhirstatuen von Filitosa ihre Besucher an: der bewaffnete Wächter und die zu Torsos zerstükkelten *corsi*. Könnten sie es doch! Denn die Rätsel um die ersten Großskulpturen des Abendlandes sind ungelöst.

WAS SIE SAGEN WOLLTEN, IST VERHALLT

Sogar im Winter läßt ein Sonnenstrahl die Glut des Inselweines ahnen. Zwischen Macchia und Granit wurzeln die Reben bei Sartène. Acht Appellations d'Origine Contrôlées bestätigen die Qualität korsischer Trauben und Winzerkunst.

FEURIGER WEIN VOM GOLDENEN HÜGEL

FLNC

Fünf Bruderschaften durcheilen am Karfreitag Tore und Treppen Bonifacios. Eine weltlichere Form, Buße zu tun, als der Kreuz und Ketten schleppende Kuttenträger von Sartène. Das Kürzel an der Mauer spricht von einem anderen Glauben: Lange wähnte die FLNC, Korsika mit Gewalt frei machen zu können.

PERDONO MIO DIO

Selten wird die Nichtigkeit menschlichen Tuns so deutlich wie in Bonifacio. Als uneinnehmbare Festung auf dem Kalkkliff erbaut, wird die Stadt seitdem unablässig vom Meer berannt, das stetig Breschen schlägt. Es scheint, als hielten nur noch die Häuser, sich aneinanderklammernd, den Fall der Feste auf.

GESTUNDETE ZEIT AUF BRÜCHIGEM FELS

Sich einer fremden Insel zu nähern – welche Entdeckerfreude. Eine Inselheimat verlassen zu müssen – welch ein Abschied. Für die Korsen gibt es kein Nebenan und keine Nachbarn, nur Trennung und erhoffte Wiederkehr. Aber Bande von Familie und Freundschaft überbrücken die Wasserwüste.

DAS MEER TRENNT, DAS MEER VERBINDET

COLLECTION MERIAN

Herausgegeben von Max Scheler

Fotograf: Guido Mangold, geboren 1934. Studium bei Otto Steinert an der Folkwangschule Essen. Seit 1966 arbeitet er als freier Fotograf, Aufträge u. a. für *Geo*, *Merian* sowie eigene Buchveröffentlichungen. Guido Mangold lebt in München.
Textautor: Alphons Schauseil, geboren 1930. Studierte Romanistik und politische Wissenschaften. War Zeitungskorrespondent in Paris und für die skandinavischen Länder. Lebt seit 1982 als freier Journalist auf Korsika.
Gestaltung: Astrid Borowski
Layout: Rüdiger Mohrdieck

ISBN 3-455-08406-0

Satz: Utesch Satztechnik GmbH, Hamburg
Lithographie: Engels Lithography, Obertshausen
Druck: Mohndruck, Gütersloh
Printed in Germany

LIEFERBARE TITEL

ÄGYPTEN
BRETAGNE
BUDAPEST
CAPRI
IRLAND
JAPAN
JERUSALEM
KORSIKA
KYKLADEN
LENINGRAD
MALEDIVEN
MALLORCA
NORWEGEN
PARIS
PORTUGAL
PROVENCE
RIO DE JANEIRO
ROM
SEYCHELLEN
SIZILIEN
SÜDTIROL
TOSKANA
TÜRKEI
VENEDIG